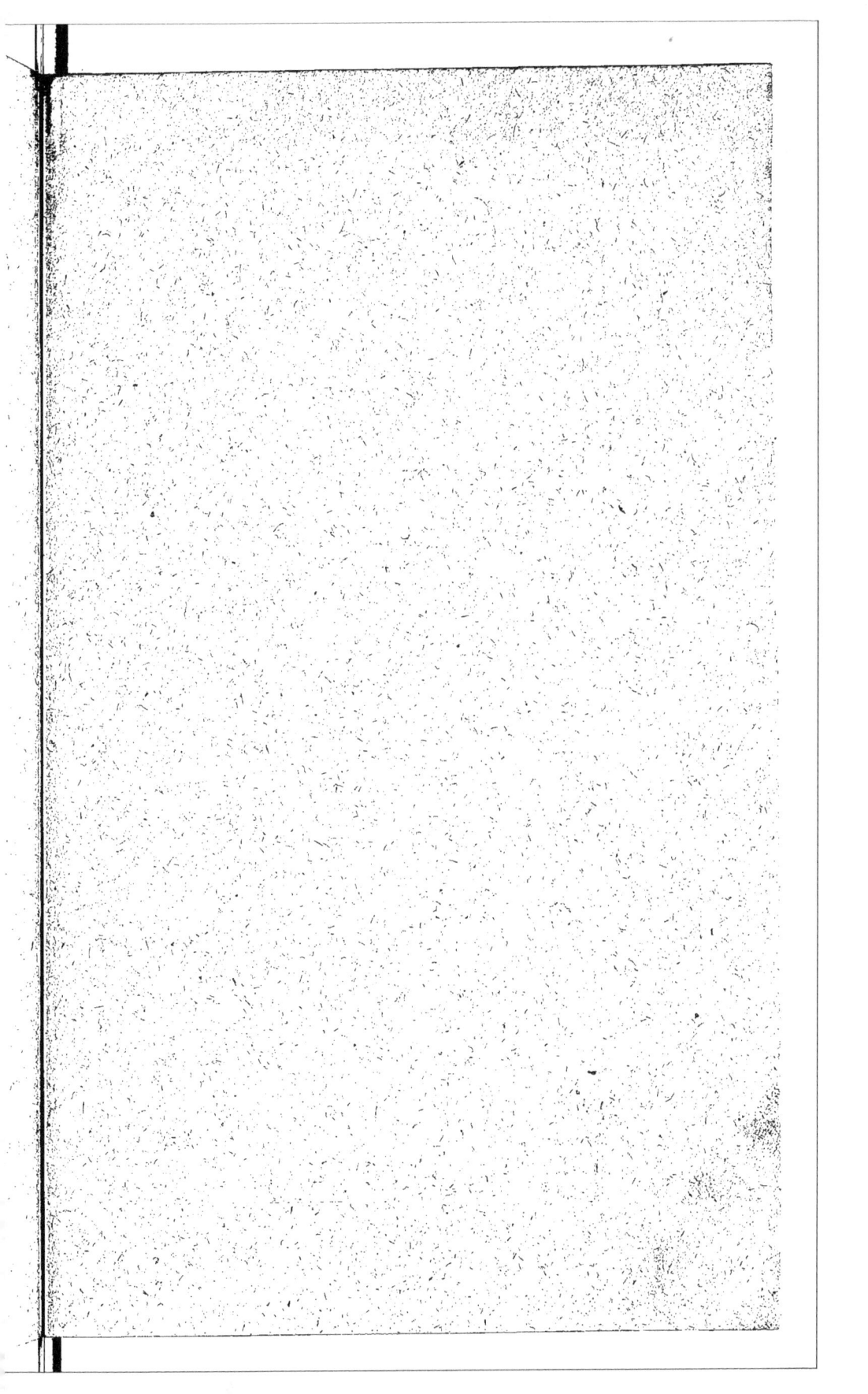

V

C.

EXAMEN

D'UN AVANT-PROJET

DU

CHEMIN DE FER

D'INTÉRÊT LOCAL

DE

VÉZELISE A MIRECOURT

ET DU

CHEMIN DE FER DE TOUL A COLOMBEY

DEVANT SE PROLONGER SUR MIRECOURT

E. P.

MIRECOURT

HUMBERT, IMPRIMEUR-LIBRAIRE-ÉDITEUR

—

1872

EXAMEN

D'UN

Avant-projet du Chemin de Fer d'intérêt local de Vézelise à Mirecourt et du Chemin de fer de Toul à Colombey, devant se prolonger sur Mirecourt.

~~~

I

En examinant la brochure de M. Varroy (septembre 1871) sur les nouvelles voies de communication à créer dans le nouveau département de Meurthe et Moselle, je vois la possibilité et le grand désir de l'honorable député, de développer les chemins de fer d'intérêt local dans nos contrées.

La création du chemin de Vézelise à Mirecourt et du chemin de Toul à Colombey, intéressant au plus haut point notre pays, je crois devoir faire ici quelques réflexions, puissent-elles être admises ; car, Toul, Mirecourt, et un grand nombre de communes y trouveraient, dans un temps peu éloigné, un immense avantage.

II

Le chemin de Vézelise à Mirecourt a sa grande raison d'être, il est le prolongement du chemin de Nancy à Vézelise ; en un mot, il est son complément et il lui donnera par ce fait une importance réelle.

Le chemin de Toul à Colombey, au premier abord assurément, n'offre pas de biens grands intérêts.

Il semble seulement desservir un chef-lieu de canton ;
comme dans l'ensemble du projet de M. Varroy, cela doit
être pour tous les cantons du nouveau département de
Meurthe et Moselle.

Il n'en est rien cependant, un grand avenir lui est
réservé.

En effet, ce chemin sera le prolongement de la voie de
Longuyon à Toul, et plus tard, en se continuant sur Mirecourt, il mettra en communication directe la Belgique avec
le centre des Vosges, par la ligne de Mirecourt à Epinal, et
avec le midi par la ligne projetée de Mirecourt à Jussey.

Il est facile de voir la grande importance de ces projets, il
faut alors songer à leur réalisation.

III

Je vais commencer par examiner la question du chemin
de Toul à Colombey avant de parler du prolongement de
Vézelise à Mirecourt, car ces deux projets sont liés très-
intimement.

De Toul à Colombey, on trouve des intérêts suffisants
pour donner lieu à une ligne, mais il est à remarquer que
pour peu que l'on s'avance dans le pays on rencontre des
intérêts de plus en plus nombreux.

On arrive d'abord à Favière, centre très-industriel.

De ce point, l'on peut desservir d'immenses forêts, des
carrières de taille, de grève, et de plus, de considérables
gisements de minerai de fer oolithique qui règnent dans les
côtes environnantes (*Voir à la page* 16 *de la brochure de
M. Varroy*).

Un peu plus loin, on rencontre un pays très-peuplé et
riche en produits agricoles ; de là l'importance augmente
naturellement à mesure que l'on s'approche de Mirecourt.

IV

J'arrive maintenant au prolongement de Vézelise à Mirecourt.

Ici deux projets se trouvent en présence, l'un à l'est des côtes de Sion et l'autre à l'ouest de ces mêmes côtes.

Etudions un peu leur valeur respective.

Par le tracé Est, en sortant de la gare de Vézelise, on s'avance à Forcelles-saint-Gorgon, ensuite à Praye et l'on se trouve encore dans un pays très-rapproché de Quevilloncourt, et desservi par le fait.

En allant un peu plus loin on s'isole complètement par les obstacles infranchissables des côtes de Sion, du pays très-peuplé du tracé ouest.

Alors on vient suivre parallèlement et de très-près la frontière du département de Meurthe et Moselle, où il ne se trouve plus de village, ensuite l'on se dirige sur Frenelle-la-Grande.

Je ne parlerai pas de ce point, car il est commun aux deux tracés.

Au sujet de la gare de Diarville, je poserai cette question :

Que desservira-t-elle ?

Housséville, Saint-Firmin, Jevoncourt et Forcelles-sous-Gugney, et rien de plus. Car, au nord, Praye et Xirocourt, ont autant de facilité de se rendre à Vézelise, et au sud, Gugney et Bouzanville, iront à Frenelle-la-Grande, qui est plus près.

Elle ne pourrait donc desservir que des communes des Vosges qui se trouvent dans le rayonnement de la gare de Charmes, et qui ont, sous tous les rapports, leur raison d'attraction de ce côté.

Je fais cette remarque, car à la réunion de Vézelise, 29 février dernier, il a été dit et il a paru être admis que si le tracé est l'emporte, on ferait un détour de 1,500 mètres, vu l'importance de ce point.

V

Maintenant, je vais suivre le tracé ouest.

Tout en sortant de la gare de Vézelise, la ligne entre dans un pays très-peuplé et très-riche en produits agricoles, dont Thorey est le centre.

Là, elle vient en quelque sorte tendre la main au chemin de Toul à Colombey, en se rapprochant de ce dernier.

De ce point, le chemin dessert les forêts très-riches qui se trouvent à proximité, et il se poursuit le long de côtes renfermant des quantités considérables de minerais de fer.

Ainsi, vers Courcelles, on se trouve près de Beuvezin, Vicherey, Maconcourt, Aboncourt, Saint-Prancher et Repel, sur le territoire desquelles communes se trouvent encore ouvertes et abandonnées subitement des mines qui servaient à l'alimentation du fourneau d'Attignéville.

La ligne, appuyant ensuite sur Oëlleville, dessert avantageusement cette contrée ; elle arrive alors à Frenelle-la-Grande, dont je ne dirai rien, de même que pour l'autre tracé, car ce point leur est commun.

VI

D'après cet exposé, il est facile de voir la grande différence qui existe entre les deux tracés du prolongement de Vézelise à Mirecourt, non-seulement pour arriver à la réalisation des projets si intéressants qui nous occupent, mais encore pour les mener à une prompte et avantageuse exécution.

Au premier aspect, le tracé Est semble économique, mais c'est bien à tort, de plus, il a de grands désavantages :

Il nuit énormément au prolongement de Toul à Mirecourt, en forçant la voie à se relier à Frenelle-la-Grande, au lieu de la rejoindre à Dommarie.

Il dessert des intérêts peu considérables, dont le centre se trouve à moins de 10 kilomètres, en moyenne, des gares de Vézelise, Frenelle-la-Grande et Mirecourt, sans compter qu'il se jette dans le rayonnement de la gare de Charmes.

VII

Le tracé Ouest, au contraire, dessert une population au moins triple, et des produits agricoles dans la même proportion.

Il offre à la voie des transports lourds, nullement applicables à l'autre tracé : tels que minerais de fer, grande quantité de bois de service, tailles, grèves, sans compter les produits des tuileries, féculeries et scieries qui existent dans le pays et qui prendraient naturellement de l'extension.

De plus, il avantage Mirecourt et Toul, en contribuant puissamment à la construction du chemin qui doit nécessairement relier ces deux villes. Car il lui offre un bénéfice de parcours d'environ 12 kilomètres, en suivant la même voie depuis Dommarie à Frenelle-la-Grande.

Ainsi, de Toul à Colombey, et de Mirecourt à Dommarie, un chemin se trouvant fait, il n'y aurait plus à construire que de Colombey à Dommarie pour relier Toul à Mirecourt, et la distance est peu considérable, environ 14 ou 15 kilomètres.

Il y aurait donc de construit :

De Toul à Colombey.......... 20 kilom.
De Mirecourt à Dommarie, environ. 18 —
Total. . . . 38 kilom.

Soit 38 kilomètres environ sur à peu près 53 kilomètres à construire.

L'on pourrait donc dire que près des trois quarts de la voie de Toul à Mirecourt seraient faits.

VIII

En adoptant le tracé Ouest pour le prolongement du chemin de fer de Vézelise à Mirecourt, il en résulterait une grande économie pour le département des Vosges et pour le département de Meurthe et Moselle.

Les Vosges d'abord n'auraient pas deux sections à créer pour un embranchement, ensuite la Meurthe et Moselle aurait encore un plus grand avantage en ayant de construit immédiatement de la frontière à Dommarie pour la ligne de Toul à Mirecourt.

J'aurais voulu donner des chiffres de la plus rigoureuse exactitude, mais les documents et le temps nécessaire me manquent.

Mon plus grand désir est d'être examiné, car je suis certain avant tout du bénéfice énorme et incontestable de Frenelle-la-Grande à Dommarie-Eulmont, que le tracé Ouest offre sur l'autre tracé pour le prolongement de Toul à Mirecourt.

Je regrette vivement mon peu d'expérience en pareille matière pour défendre des intérêts aussi sérieux, mais la chose me paraît si juste que je suis plein de confiance dans la réalisation de ces projets.

Alors un grand nombre de population, l'Etat pour ses forêts, et l'industrie pour les mines de fer, auront satisfaction par ce fait.

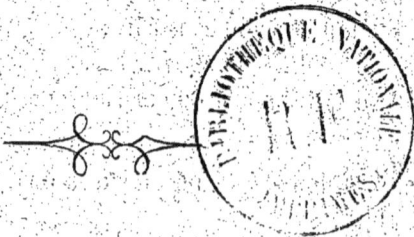

Humbert. — Mirecourt et Paris, rue Cassette, 17.

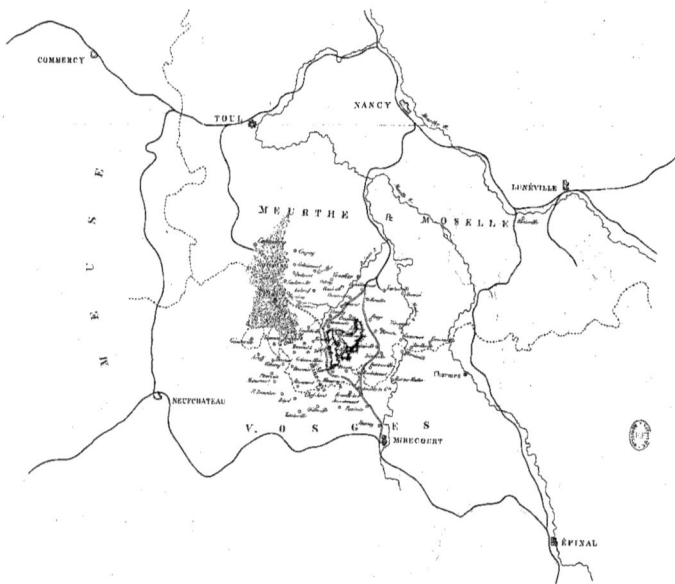

Echelle de 1 à 320.000

COMMERCY

TOUL

NANCY

LUNÉVILLE

M E U S E

M E U R T H E & M O S E L L E

NEUFCHATEAU

V O S G E S

MIRECOURT

ÉPINAL

Charmes

Légende.

Tracé Est du Prolongement de Newtier à Mirecourt.

Tracé Ouest   id.   id.

Ce qui resterait à construire pour relier Toul à Mirecourt,
le tracé Ouest étant adopté.

Lith. Humbert, Mirecourt.